«In der katalonischen Stadt Figueres erschien am 13. Mai 1904 Herr Salvador Dalí i Cusí im Rathaus, um die Geburt seines Sohnes anzumelden, der am 11. Mai um acht Uhr fünfundvierzig geboren wurde und Salvador, Felip i Jacint, heissen sollte...»

So beschreibt Dalí seine Geburt in seinem Buch «Das geheime Leben von Salvador Dalí erzählt von Salvador Dalí» und beschliesst so dieses Kapitel: «In einem Hause der Monturiol-Strasse wird ein neugeborenes Baby ein Frischgeborener von seinen Eltern mit viel Liebe behütet und verursacht ein ungewöhnliches Durcheinander. Oh ihr Unwissenden! Erinnert euch gut and das, was ich euch sage: Am Tage meines Todes wird es nicht so sein.»

Bei der Geburt war sein Vater, Notar von Figueres, einundvierzig Jahre alt, seine Mutter Felipa Domènech war dreissig. Zwei Jahre später wurde seine Schwester Anna Maria geboren. Er selbst gibt zu, dass er durch seine Mutter ein verhätscheltes und schlecht erzogenes Kind wurde. Als er klein war, machte er viele Dummheiten, reagierte vor allem gewalttätig und misshandelte andere. Im Buch «Das geheime Leben», erzählt er viele seiner Streiche. Er zog seine Schwester an den Haaren, um ihr weh zu tun, und als sein Vater ihn bestrafen wollte, schrie er so laut und schlug so heftig um sich, dass ihn niemand mehr zu strafen wagte.

Sein langjähriger Freund, Jaume Miravitlles, «Met» genannt, weiss viele amüsante Anekdoten zu erzählen. Als sie gemeinsam das Abitur an der Schule der Maristenbrüder machten, zeigte Dalí überhaupt kein Interesse für die Schulfächer: vor allem von Arithmetik hatte er keine Ahnung.

Damals begann er schon zu Hause in seinem Zimmer zu malen, und seine Eltern glaubten, dies sei verlorene Zeit. Im Sommer 1914 verbrachte Dalí einige Tage in Cadaqués, wo sein Vater geboren wurde und war von den im Hause de Freunde Pitxot aufgehängten Bildern der impressionistischen Maler beeindruckt.

Im Jahre 1919, er war fünfzehnjährig, begannen sie in Figueres die Monatszeitschrift, STUDIUM, zu veröffentlichen. Auf diesen grauen Blättern schrieb Dalí über Malerei und über El Greco, Goya, Velázquez, Michelangelo, Dürer und Leonardo da Vinci.

**Auf der Suche nach dem Surrealismus**

Eines Tages wurde Dalís Vater auf die Bank gerufen. Man sagte ihm, dass jemand mit einem gefälschten 25 Peseten-Geldschein bezahlt habe, und man diesen nicht von den echten unterscheiden könne. In Gegenwart anderer Leute fragte der Vater seinen Sohn, der ihn auf die Bank begleitet hatte, ob er den gefälschten Geldschein herausfinden könne. In kurzer Zeit erkannte dieser den gefälschten Geldschein an einem beinahe merkbaren Unterschied der Zeichnung. Die Eltern begannen langsam auf Drängen seines Zeichenlehrers, Herrn Núñez, an das Zeichentalent ihres Sohnes zu glauben. Sie akzeptierten, ein wenig resigniert, dass er nicht Notar wurde, wie sein Vater, sondern nach Madrid ging, um an der Schule der Schönen Künste zu studieren.

Im Herbst des Jahres 1921 ging Dalí nach Madrid. Nach einer Prüfung wurde er an der Kunsthochschule zugelassen, wo er sich gegen die Lehrmethoden der Akademie auflehnte. In seinem Zimmer widmete er sich dem Malen kubistischer Bilder. Im folgenden Semester wurde er wegen seines Benehmens vom Unterricht ausgeschlossen. Als er 1924 wieder zum Unterricht zugelassen wurde, freundete er sich mit dem Schriftsteller Federico García Lorca und dem Filmregisseur Luis Buñuel an. Zwei Jahre später, 1926, schrieb García Lorca «Die Ode an Salvador Dalí». Mit Buñuel machte er 1929 den Film «Der andalusische Hund» und später den Film «Das goldene Zeitalter», der in Paris einen Skandal hervorrief. Mit 21 Jahren hatte Dalí 1925 seine erste Einzelausstellung in der Galerie Dalmau in Barcelona. Die Zeitung «La Publicitat» schrieb in ihrer Kritik: «Picasso und Miró interessieren sich für die Bilder von Dalí». Im Jahr darauf reiste er zum ersten Mal nach Paris, wo er Picasso kennenlernte. Wieder zurück in Madrid bezeichnete er seine Professoren als inkompetent und

wurde definitiv von der Akademie der Schönen Künste ausgeschlossen. Von da an war er ein Anführer der rebellierenden Jugend. Dalí's Freundschaft mit García Lorca veranlasste ihn nach Cadaqués einzuladen, wo sie zusammen am Theaterstück «Mariana Pineda» arbeiteten und für welches Dalí die Bühnenbilder und Kostüme entwarf.

Während drei Jahre war er Mitarbeiter der Zeitschrift «L'Amic de les Arts», die in Sitges gedruckt wurde, in welcher er etwa zwanzig Artikel veröffentlichte und so seine intellektuelle Unruhe ausdrückte.

Im März 1928 veröffentlichten Dalí, Lluís Montanyà und Sebastià Gasch das «Manifest Groc», eine geschriebene Erklärung auf gelbem Papier, in welcher sie den Bruch mit der sie umgebenden Kultur darlegten. Sie verkündeten den Beginn ihres Kampfes für eine neue Kultur, die später in Paris mit der Gruppe der Surrealisten zur surrealistischen Revolution wurde.

Am 16. Oktober gibt Dalí in der Galerie Sala Parés einen Vortrag unter dem Thema: «Die katalonische Kunst und die moderne intelektuelle Jugend. (An dem Kolloquium im Anschluss an den Vortrag beteiligten sich unter anderen Opisso und Josep M. de Sucre. Dalí behauptete zum Schluss: «Es ist der Moment gekommen offen zu erklären, dass wir alle künstlerischen Bemühungen und die Kunst im allgemeinen als Gipfel des Verdorbenen und des Verachtungswürdigen ansehen, unbrauchbar für die Wünsche und Gefühle der Gegenwart.) Es gab keine andere Äusserung in diesem Jahr, die so viele Kommentare hervorrief wie diese. Damit begann Dalís lebenslange Neigung zur Provokation und zum Skandal als Antwort auf die übernommenen kulturellen Werte. Aber nicht immer entsprachen seine Worte dem, was era wirklich dachte, sondern dem, was er erreichen wollte.

**Gala's Dalí**

Dalí war 25 Jahre alt. Zum zweiten Mal kam er nach Paris. Er hatte schon sein «Manifest Groc» herausgegeben. Joan Miró holte ihn am Bahnhof ab. Er stellte ihm René Magritte, André Breton und Camille Goemans vor, der eine Kunstgalerie hatte, wo Dalí am Ende dieses Jahres seine erste Ausstellung haben würde. So wurde er in die Gruppe der Surrealisten eingeführt. Goemans stellte ihm Paul Eluard vor. Gala war die Frau von Eluard, beide hatten eine Tochter, Cecile. Gala, in Petersburg geboren, war Russin und ihr Name war Helena Dmitrievna Diakonove. Sie war eine unruhige, schüchterne Frau mit einem tiefgründigen, durchdringenden Blick.

Dalí kehrte nach Cadaqués in das Sommerhaus seiner Eltern zurück. Er lud seine neuen Freunde aus Paris zu sich ein. Es kamen Buñuel, Magritte..., Eines Tages kamen Paul Eluard und Gala mit dem Auto an.

Dalí malte gerade ein ausdrucksvolles, aber beinahe schreckenerregendes Bild «Das finstere Spiel». Dalí erzählt selber in seinem Buch «Das geheime Leben» über die hysterischen Lachanfälle, die er an diesem Tage hatte. Er stellte sich selber als Verrückten dar, lachte Stunden, ohne aufzuhören. Er begann, Gala näher zu kommen. Sie glaubte, dass er sie nötig habe. Die beiden verliebten sich ineinander. Eluard kehrte alleine nach, Paris zurück. Gala wurde das Zentrum der Visionen und Träume von Dalí. Sie ist für ihn: «die Verkörperung seines Verstandes, der Beweis für die Echtheit einer neuen Methode der Analyse, mit dem Namen «Paranoisch-kritische Methode», die Dalí in den Surrealismus einführte.

Von diesen Moment an bedeutete Gala die Inspiration für sein Leben und sein Werk. In vielen der grossen Bildern ist sie das zentrale Bild. Zeugen, die eine enge Beziehung zu ihnen hatten, berichten Begebenheiten, welche die grosse Liebe zwischen ihnen zeigten.

**Der Surrealismus im Dienste der Revolution**

Beginnt der Kurs 1930-1931. Das Studio 28 zeigte in Paris den Film «Das goldene Zeitalter» von Buñuel und Dalí. Eine Ausstellung ergänzte die Vorführung des Filmes. Am 3. Dezember unterbrachen Anhänger der französischen Patriotenvereinigung die Vorführung, zerstörten den Saal und die Bilder, und die Massenmedien begannen eine Kampagne die mit dem Vorführverbot des Filmes durch die Präfektur in Paris endete.

Zehn Tage später veröffentlichte Dalí in seinem Buch «Die sichtbare Frau» die Prinzipien seiner «Paranoisch-kritischen Methode». Ein Jahr später, 1931, veröffentlichte er im gleichen Verlag der Surrealisten von Paris «Die Liebe und das Gedächtnis». Im Jahre 1932 erschien «Babaouo», 1935 «Die Eroberung des Irrationalen» gleichzeitig in Paris und in New York. Dies waren die aktivsten Jahre der surrealistischen Bewegung.

1933 veröffentlichte der Verlag «Documents de Barcelona» das Buch von Jaume Miravitlles «Der Rhythmus der Revolution» mit Zeichnungen von Dalí. Im Jahr darauf entstanden die ersten Meinungsverschiedenheiten zwischen Dalí und den meisten Mitgliedern der surrealistischen Gruppe. Im Februar wurde eine Versammlug einberufen, auf der der Ausschluss von Dalí aus der Surrealistengruppe vorgeschlagen wurde. Der Einberufungsbrief war von André Breton und Benjamin Peret unterzeichnet. Dalí wurde gegen den Willen von Crevel, Eluard und Tzara ausgeschlossen.

Im Oktober stellte er von neuem in der Galerie «d'Art de la Llibreria Catalonia» in Barcelona aus. Die Ausstellung sollte mit einem Vortrag Dalí enden, mit dem Titel: «Surrealistisches Mysterium um das Phänomen eines Nachttisches». Nach der surrealistischen Aufruhe kamen noch politische Unruhen hinzu. Dalí ging mit Gala nach London und in demselben Monat eröffneten sie dort eine Ausstellung. Im folgenden Monat trafen sie in New York ein; Dalí, der eine Pressekonferenz einberufen hatte, kam mit einem langen Brot unter dem Arm an und veröffentlichte ein Manifest mit dem Titel: «New York grüsst mich». Eine Woche später eröffnete er eine Ausstellung in der Galerie Julien Levy, auf der er das Bild «Gala mit zwei gebratenen Rippen auf den Schultern» vorstellte, welches die Legende von Wilhelm Tell darstellt, wobei Dalí den Apfel durch schmackhafte Lammrippen auswechselte. Während eines von ihm gehaltenen Vortrages, sprach er den berühmten Satz aus: «Der einzige Unterschied zwischen einem Verrückten und mir besteht darin, dass ich nicht verrückt bin».

Während dieser letzten Jahre veröffentlichte Dalí verschiedene Artikel in den Zeitschriften der surrealistischen Bewegung, in «La Revolució Surrealista», «Minotaure», «Cahiers d'art»... Als er am 7. Dezember 1936 von neuem in New York ankam, widmete ihm die angesehenste Zeitschrift «Time» die ganze erste Seite. Dalí triumphierte erneut.

**Die Mythen um Dalí**

Von diesem Moment an folgten eine Ausstellung nach der anderen, Konferenzen und ununterbrochen wurden neue Bücher und Artikel herausgegeben. Im Juli 1938 traf er in London Sigmund Freud. Am nächsten Tag schrieb Freud einem Freund in Paris folgenden Satz: «Der junge Spanier mit seinen treuherzig-fanatischen Augen und seiner unleugbaren technischen Meisterschaft, hat mich die Surrealisten anders einschätzenzulassen.»

Die Interpretation der Bilder von Dalí und die Untersuchung seiner Zwangsvorstellungen und seine Mythen helfen uns Dalís Wesen zu erkennen. Von klein an erklärte Dalí in dem Buch «Das geheime Leben» habe das Bild «L'Angelus» von Millet, welches im Korridor der Schule hing, einen starken Eindruck auf ihn gemacht. Im Jahre 1929, als er das Bild von neuem sah, nahm er sich vor, es zu studieren, bis er eine Abhandlung der paranoischen Interpretation mit dem Titel «Der tragische Mythos des Angelus von Millet» schrieb, welche er bis 1963 nicht veröffentlichen konnte. Der «Louvre» in Paris in dem sich das Bild befindet, machte auf Anregung von Dalí davon eine Röntgenaufnahme und man sah, dass Millet zu Füssen der in betender Stellung dargestellten Figuren einen Sarg mit einem toten Kind gemalt hatte. Endlich war der tragische Mythos, über den Dalí vor 23 Jahren geschrieben hatte, aufgedeckt. Während seines Lebens hatte er immer neue Formen der Malerei in der dritten Dimension erfunden. Seine Bilder auf der Suche nach der dritten Dimension brachten ihn mit verschiedenen Wissenschaftlern zusammen, welchen er seine Theorien vorstellte, die einige von ihnen überraschte. Die verformten Figuren oder die Wandlungsbilder erzeugen eine fantastische Wirkung ungeheuren Ausmasses. Im Hologramm kann, dank des Laserlichtes, das Bild räumlich festgehalten werden, und erzeugt eine dritte Dimension. Seine stereoskopischen Bilder ergeben durch die Ueberdeckung zweier Bilder ein vollständiges Relief. Unter den bekanntesten dieser Bilder sind: «Galas Christ», «Dalí von hinten, wie er Gala von hinten malt», «Dalís Hand schiebt einen wolkenförmigen Goldschleier zur Seite, um Gala die vollkommen nackte Morgenröte zu zeigen, die weit, weit hinter der Sonne liegt». Am 23. November 1949 erhielt Dalí eine Audienz bei Papst Pius XII. Er zeigt ihm die erste Studie eines Bildes «Die Madonna von Port Lligat». Es begann eine Zeitspanne, in der Dalí religiöse Themen malte und darüber schrieb. 1951 schrieb er das «Mystische Manifest», malte die Bilder «Der Christus des heiligen Johannes vom

Kreuz», «Die Versuchungen von Sankt Anton» und «Das Abendmal». 1954 illustrierte er die «Göttliche Komödie», danach die Bibel, das Vaterunser....

Als er sich 1957 in einem Spital in New York einer dringenden Operation unterziehen musste, verlangte er nach einem Priester um eine Beichte abzulegen. Von seiner Krankheit erholt, kehrte er nach Katalonien zurück, wo er in Gerona am 8. August 1958 Gala kirchlich heiratete. Im nächsten Jahr wurde er von Papst Johannes XXIII empfangen, dem er Baupläne einer Kathedrale mit allen Zeichen und Symbolen des Christentums zeigte.

Dalí ist ein Genie. Das wunderbare Licht der Empordà-Landschaft gibt ihm viel Kraft. Das Meer von Port Lligat und die Felsen von Cadaqués versetzten ihn in ein Paradies, in welchem er die grössten Meisterwerke schuf. Durch seine Bilder öffnete er uns neue Horizonte ohne Grenzen, immer von einem bestimmten Punkt des katalonischen Landes ausgehend:

von Port Lligat. Diese Liebe zum Empordà —zeigt er mit derselben Hingebung in den Landschaften seiner Oelbilder. Nachdem er acht Jahre in New York verbracht hatte, kehrte er nach Europa zurück, und vom Landungsort Le Havre ging er direkt nach Port Lligat, um sich wieder ganz zu Hause zu fühlen.

50 Jahre lang (1930-1980) arbeitete Dalí unermüdlich. Seine Arbeit verdient schon jetzt Anerkennung, da er unzählige Stunden zurückgezogen in seinem Atelier verbracht hat, mit keinem anderen Ziel als in Stille ein unsterbliches Werk zu schaffen.

Er machte über hundertfünfzig Einzelausstellungen in der ganzen Welt (Barcelona, Paris, New York, London, Brüssel, Chicago, Rom, Tokio, Frankfurt, Madrid, Prag, Philadelphia, Puerto Rico, Baden-Baden, Genf, Boston... u.s.w.) und er beteiligte sich an über 200 Gemeinschaftsausstellungen. Während seines ganzen Lebens hatte er jeden zweiten Monat eine eigene Ausstellung, oder nahm an einer anderen teil. Seine Bibliographie ist ebenfalls sehr umfangreich. Mehr als zweihundert Artikel schrieb er für Zeitschriften, veröffentlichte Bücher, Gedichte, Essays u.s.w. Es gibt hunderte von Monographien und mehr als zweitausend katalogisierte Artikel über sein Werk und über seine Person. Hundertzwei Bücher wurden von ihm illustriert mit Zeichnungen, Radierungen, Litographien u.s.w.... Er beteiligte sich an sieben Filmen und sieben wurden über ihn gedreht. Er entwarf Kleider und Bühnenbilder für Theaterstücke wie «Mariana Pineda» von Federico García Lorca und «Rosalinda» (oder «As you like it») von William Shakespeare, für die Oper «Salomé»; für vier Ballettstücke u.s.w. Unzählige Radiosendungen, über hundert Fernsehsendungen wurden ausgestrahlt, und er nahm drei Platten auf. («Le magazine sonore de l'actualité» [1959], «Dalinguistics» [1960] und «Je suis fou de Dalí» [1975]).

Dalí ist ein sehr kultivierter Mensch. Er kennt sich in der ganzen Kunstgeschichte aus und ist ein echter Meister in diesem Fach. Aus diesem Grund wurde er auf der ganzen Welt ausgezeichnet. Im Mai 1979 wurde er zum Mitglied der Akademie der Schönen Künste von Frankreich investiert. Bei dieser Zeremonie sprach er über «Gala, Velázquez und der Toison d'or». Seine Meisterwerke sind in den wichtigsten Museen der Welt ausgestellt. Die Fundation Dalí, die sein Freund Reynolds Morse gründete, zuerst in Ohio, Cleveland (USA), zeigt jetzt mehr als zweihundert bedeutende Bilder im neuen Museum, das in Florida errichtet wurde. Dort hängen «Die Entdeckung Amerikas», «Das Konzil», «Halluzinogener Stierkämpfer»....

**Das Theatermuseum Dalí von Figueres**

Am 28. September 1974 konnte Dalí als Siebzigjähriger einen seiner grössten Träume verwirklichen. Figueres, sein Geburtsort, wurde festlich für ihn vorbereitet. Leute von Überallher kamen zusammen, um Dalí, der mit kaiserlichen Allüren in Begleitung von Gala erschien, mit Feuerwerkskörpern und Glockengeläut der Kirche in einer triumphalen Weise zu empfangen.

Die Stiftungsurkunde des Ehepaares Salvador Dalí und Gala Dianaroff lautet wie folgt: «Aus Liebe zu Figueres und aus Bewunderung und Hochachtung für das Gebiet des Empordà haben wir den Wunsch, der Stadt diese Stiftung zu machen damit die Werke Dalís der Nachwelt zum Anschauen erhalten bleiben, und damit sie die kulturellen und künstlerischen Schätze der Stadt bereichern...»

Bei der ersten Stiftung werden 116 Werke gezählt und die entsprechenden Statuten gebilligt. Ihre Beschreibung erfolgt in den Akten der Stadtratsitzung vom 27. September 1974. Der Beschluss der Plenarsitzung vom 6. September 1977 bestätigt diese Abfassung. Im Jahre 74 wird die Stiftung des Ehepaares Gala-Dalí auf mehr als 2.100 Millionen Pesetan geschätzt, was im einzelnen in den genannten Statuten festgehalten ist.